Excursions batologiques

DANS LES

PYRÉNÉES

A

EXCURSIONS BATOLOGIQUES

DANS LES

PYRÉNÉES

OU

Description et Analyse des

RUBUS

DES

PYRÉNÉES FRANÇAISES

Par H. SUDRE

Professeur à l'École normale d'Albi.

LE MANS

IMPRIMERIE DE L'INSTITUT DE BIBLIOGRAPHIE
12, PLACE DES JACOBINS, 12
1898 - 1903

EXCURSIONS BATOLOGIQUES
DANS LES PYRÉNÉES

PAR

M. H. SUDRE

Le genre *Rubus* est certainement l'un des moins bien connus de la flore française. Si l'on excepte les Vosges, dont les richesses ont été mises au jour par Godron, Muller, Harmand et M. l'abbé Boulay; la Normandie, explorée par Malbranche, Letendre et Corbière; l'Oise, par Lefèvre; le Morvan, par MM. Gillot, Quincy, Lucand; le Plateau central, par Lamotte, Ripart, Lamy de la Chapelle, Héribaud; et enfin la région de l'ouest connue depuis les travaux de Chaboisseau, de M. Bouvet et surtout de Genevier, on peut dire, à peu d'exceptions près, que rien n'a été fait dans le reste de la France. Les Pyrénées et les Alpes, dont la riche végétation attire les botanistes de tous pays, sont encore entièrement à explorer au point de vue batologique.

Je me propose de faire connaître les diverses formes de *Rubus* que j'ai récoltées sur différents points des Pyrénées françaises, et de terminer ce travail par un tableau d'ensemble qui résumera le résultat de mes recherches.

Si l'étude des *Rubus* est fort négligée d'un grand nombre de botanistes, cela tient sans doute à l'extrême difficulté que présente la détermination des plantes de ce genre. En dehors d'un nombre très restreint d'espèces qu'on trouve toujours semblables à elles-mêmes, et qui ont une aire de dispersion très étendue puisqu'elles occupent ou moins la plus grande partie de l'Europe moyenne, on rencontre à chaque pas des formes embarrassantes qu'il est impossible de rattacher avec certitude aux *Ronces* déjà décrites. Cela tient à ce que nos *Rubus* actuels dérivent apparemment d'un petit nombre de formes primitives sur l'origine desquelles nous n'avons encore aucune notion précise. Sous diverses influences, agents extérieurs, climat, etc., ces formes ont dû éprouver des modifications plus ou moins profondes, et il est aisé de comprendre que cette lente évolution, continuée pendant une très longue suite d'années, ait produit, suivant les milieux, un nombre considérable de petites espèces, à caractères parfaitement fixés. Ces variations, dans le genre *Rubus*, me paraissent indiscutables. Il suffit d'étudier attentivement une espèce que tout le monde considère comme étant de premier ordre, à cause de ses caractères bien tranchés, de son pollen à grains uniformes et de sa grande dispersion, le *R. ulmifolius* Schott. : on voit que cette espèce présente un grand nombre de formes affines dont les caractères paraissent parfaitement stables, et qui ont toutes un pollen normal, ce qui fait rejeter toute hypothèse de production par croisement.

Mais en dehors de ces formes, déjà très nombreuses, il en existe un grand nombre d'autres dues à des croisements. Lorsqu'on rencontre, dans le voisinage l'un de l'autre, deux *Rubus* d'espèce différente, il n'est pas rare d'observer une troisième forme, d'origine hybride, nettement intermédiaire entre les deux premières, et se reconnaissant surtout à sa fructification partielle ou même à sa stérilité complète. L'examen microscopique du pollen montre, chez l'hybride ainsi produit, des grains inégaux et plus ou moins déformés, avec parfois, quelques rares grains bien constitués ; mais, dans tous les cas, les grains de forme normale sont bien moins abondants que chez les parents. Chez tous les *Rubus* que j'ai étudiés, les grains normaux de pollen sont sensiblement de même grosseur et de même forme, et ce fait doit sans doute faciliter le croisement, qui paraît en effet se produire entre deux formes quelconques de *Rubus*. La fécondation croisée peut même avoir lieu entre un hybride simple et une autre espèce, et ces hybrides compliqués ainsi formés sont peut-être plus fréquents qu'on ne le pense, mais l'origine en est, dans la plupart des cas, bien difficile à expliquer.

Des croisements pouvant se produire entre deux Ronces quelconques d'espèces différentes, si l'on suppose 15 formes groupées dans un espace relativement restreint, (il n'est pas rare de les rencontrer dans un rayon de quelques kilomètres), on calcule aisément que ces 15 *Rubus* peuvent, en se croisant deux à deux seulement, produire 210 hybrides simples. (1) Il n'est d'ailleurs pas nécessaire que ces plantes vivent dans le voisinage immédiat

---

(1) 3o formes différentes en produiraient 87o !

l'une de l'autre, la fécondation croisée pouvant se produire à une grande distance, grâce surtout aux abeilles qui visitent très fréquemment les fleurs de *Rubus*. Deux formes voisines, appartenant à une même espèce, peuvent, en se croisant, donner des produits féconds et à pollen aussi bien constitué que celui des parents; on comprend que dans ce cas, ainsi que l'a fait remarquer M. Boulay, il soit très difficile de distinguer ce qui est dû à la variation de ce qui est le produit d'un croisement.

Le fait que la plupart des espèces actuelles de *Rubus* ont un pollen plus ou moins mélangé est digne de remarque et appelle l'attention des naturalistes. Etant donné que chez les hybrides dont l'origine n'est pas douteuse, le pollen est plus fortement mélangé que chez les parents (1), et que quelques espèces de premier ordre ont un pollen bien uniforme, et il est permis de se demander si tous les *Rubus* à pollen imparfait ne sont pas aussi d'origine hybride. Plusieurs botanistes, Krasan, O. Kuntze, et plus récemment M. Utsch (2) n'hésitent pas à attribuer au croisement la production des formes actuelles, mais ils admettent au nombre des formes primitives des plantes à pollen mélangé, de sorte que ce petit nombre d'espèces-souches devrait encore être réduit et ne comprendre que des formes à pollen parfait. Or il est impossible d'admettre que les trois *Rubus* connus dont le pollen est uniforme, (*R. caesius, tomentosus* et *ulmifolius*) et qui ne sont que fort peu ou point glanduleux, aient pu produire par croisement des Ronces aussi fortement glanduleuses et aciculées que celles qu'on rencontre dans la série des *R. hystrices* Fock , par exemple.

Il est vrai qu'on trouve çà et là quelques formes très peu répandues, souvent réduites à quelques buissons, qui ont un pollen presque parfait, et qui sont peut-être des espèces en voie

---

(2) Je ne citerai qu'un exemple de ce fait que j'ai constaté chez un grand nombre d'hybrides: le *Digitalis purpurascens* Roth, provenant de la fécondation du *D. lutea* par le *D. purpurea*, offre un pollen à grains à peu près tous déformés et de grosseur inégale, tandis que ses parents, de même d'ailleurs que les *D. ambigua, ferruginea, laevigata,* etc... offrent un pollen à grains très uniformes.

(3) Cf. Boulay, *Études batologiques* et *De la marche à suivre dans l'étude des Rubus.*

d'extinction. Il est permis de supposer que d'autres *Rubus* à pollen uniforme ont existé autrefois et ont pu par conséquent contribuer à la production des Ronces actuelles. Mais, même dans cette hypothèse, la formation des *Rubus* par croisement ne me paraît pas probable, car ces espèces-souches, en très petit nombre, et nécessairement très différentes les unes des autres, n'auraient donné par croisement, et ne donnent encore de nos jours, même lorsqu'il s'agit de Ronces d'une même section et par conséquent très voisines, que des produits à peu près complètement stériles. Or, les Ronces actuelles à pollen imparfait que tout le monde considère comme de bonnes espèces, (*R. vestitus, radula, Questieri*, etc.) fructifient mieux généralement que les *R. caesius* et *tomentosus,* à pollen uniforme.

Le genre *Rubus* n'est d'ailleurs pas le seul dans lequel on trouve de bonnes espèces ayant un pollen à grains inégaux. J'ai constaté que si les *Rosa arvensis, pimpinellifolia*, et quelques formes du *R. alpina* ont un pollen uniforme, presque tous les autres, *R. sepium, micrantha, stylosa, canina, Pouzini*, etc..., ont un pollen assez fortement mélangé. D'un autre côté, ne voit-on pas des genres, (*Hieracium, Erophila*) dans lesquels les croisements paraissent très rares, et qui sont pourtant extrêmement riches en formes affines ? Peut-on attribuer l'origine de ces formes à autre chose qu'une variation continue, une lente évolution?

Il peut se faire qu'à la suite d'une étude plus approfondie du genre, mes idées à ce sujet se modifient; mais, pour le moment, tout en admettant qu'il existe un grand nombre de *Rubus* d'origine hybride, je suis porté à croire que la faculté de varier que paraissent posséder ces plantes, a contribué pour une très large part à la production de ces nombreuses formes de Ronces qui font si souvent le désespoir des botanistes!

Quoi qu'il en soit, j'estime que l'on doit tenir compte, dans l'étude des *Rubus*, de l'état morphologique du pollen, surtout lorsqu'on a à apprécier des formes réduites à quelques buissons. Toute Ronce dont le pollen est à peu près normal doit constituer une bonne espèce ou se rattacher directement comme variété ou sous-espèce à quelque espèce de premier ordre. Au contraire, il y a beaucoup de chance pour qu'une forme peu ré-

pandue et dont les grains de pollen sont très déformés, soit
d'origine hybride.

Le genre *Rubus* étant formé d'espèces essentiellement protéi-
formes, chez lesquelles les croisements sont très fréquents, on
comprend que chaque pays donne naissance à des variations
et par suite à des sous-espèces qui lui sont propres; aussi n'hé-
siterai-je pas à proposer un nom nouveau chaque fois que je ne
pourrai identifier sûrement les formes rencontrées à celles qui
ont déjà été décrites. J'aurai soin toutefois de grouper autant
que possible ces formes autour d'une espèce principale; malheu-
rsusement cette subordination ne peut être faite d'une façon
sûre que lorsqu'on a recueilli toutes les formes d'une même région: aussi, est-ce seulement à la fin de ce travail, lorsque j'aurai visité un nombre aussi grand que possible de localités, que
je donnerai d'une façon définitive la valeur relative des divers
Rubus que j'aurai signalés.

M. Boulay, qui a eu l'extrême obligeance d'étudier un grand
nombre de *Rubus* provenant de mes récoltes dans le Tarn, et
qui m'a donné, à diverses reprises, des indications dont j'ai pu
apprécier la haute importance, a le premier en France, et dans
un travail récent et en tous points remarquable (1), proposé
de grouper les différentes formes de *Rubus* autour d'un petit
nombre d'espèces principales, (une quarantaine environ), dont
il a donné l'analyse sommaire à l'aide de tableaux dichotomi-
ques. Dans beaucoup de cas, on rattache sans hésitation les
Ronces que l'on étudie aux espèces collectives proposées par
M. Boulay; mais, il faut bien le reconnaître, dans beaucoup
d'autres, surtout lorsqu'il s'agit de *Rubus* du midi de la France,
on est très embarrassé, et on se demande si ce nombre d'espèces collectives ne doit pas être réduit ou augmenté?

J'adopterai en outre, dans ses grands traits, la classification de
Muller, qu'admet M. Boulay, et que je résumerai au début de
cette étude; mais, à l'exemple de Genevier, je crois devoir grouper sous le nom de *R. appendiculati*, les *R. spectabiles* et les
R. glandulosi.

---

(1) BOULAY. Subd. de la sect. *Eubatus.* — *Bul. Soc. bot. de Fr.* t. XLII.

Beaucoup d'hybrides seront signalés dans ce travail. Etant donnée l'impossibilité dans laquelle on se trouve bien souvent d'expliquer l'origine de ces hybrides, surtout lorsque les croisements ont été compliqués, j'estime que la nomenclature binaire seule permet de désigner ces formes avec précision. J'ai remarqué, après bien d'autres, que l'influence de la plante porte-pollen se manifeste chez l'hybride dans la coloration de la fleur et que généralement l'hybride se rapproche plus de la mère que du père, aussi indiquerai-je les parents suivant la méthode de Schiede, mais en plaçant en première ligne le nom de la mère, puis celui du père, comme l'a fait M. O. Debeaux (*Rev. de bot.* t. IX. p. 247), et cela pour la facilité du classement.

Caractères des sections du sous-genre *EUBATUS* Fock.

A) **R. HOMALACANTHI** Dum. — Aiguillons égaux, implantés sur les angles des turions; glandes pédicellées nulles ou très rares.

Section I. — Suberecti P. J. Mull.

Turion dressé, glabre, anguleux; feuilles caul. 5-7-nées ordinairement vertes en dessous. Inflorescence en grappe simple ou corymbiforme; sépales verts bordés de blanc; jeunes carpelles glabres; floraison précoce.

Section II. — Sylvatici P. J. Mull.

Turion arqué-procombant, anguleux; feuilles ordinairement 5-nées, vertes ou grises en dessous. Inflor. bien développée; sépales grisâtres-tomenteux souvent réfléchis.

Section III. — Discolores P. J. Mull.

Turion arqué-procombant, anguleux, à aiguillons robustes; feuilles caul. 5-nées, blanches-tomenteuses en dessous. Inflor. bien développée; sépales blancs, tomenteux, réfléchis.

B) **R. HETERACANTHI** Dum. — Aiguillons inégaux; ronces glanduleuses.

Section IV. — Appendiculati Genev.

Turion garni d'aiguillons inégaux, de soies et de glandes; stipules étroites; panicule glanduleuse; lobes du calice ordinairement appendiculés. Drupéoles nombreuses, noires, ni gonflées, ni pruineuses.

Section V. — Triviales P. J. Mull.

Turion arrondi ou obtus, peu ou pas glanduleux, souvent glauque; stipules larges. Inflorescence corymbiforme à glandes nulles ou peu abondantes; pétales orbiculaires. Drupéoles ordinairement peu nombreuses, grosses, souvent glauques à la maturité.

Subdivisions des R. APPENDICULATI

La section des *R. appendiculati* étant l'une des plus riches du genre, je crois utile de donner les caractères des subdivisions dans lesquelles je rangerai les formes appartenant à cette série.

Groupe *a.* — Vestiti Fock. — Turion lisse ou presque lisse, presque toujours anguleux, ordinairement très poilu, à glandes rares ou nulles, à aiguillons peu inégaux; feuilles ordinairement très poilues en dessous. Inflorescence presque toujours fortement hérissée, à glandes ordinairement peu abondantes.

J'emprunte ce nom de groupe à M. Focke (*Syn. Rub.* p.285), mais en lui donnant une acception légèrement différente. Je ne range dans les *R. Vestiti* que les formes à turions lisses ou presque lisses: *R. vestitus* W. N., *mucronulatus* Bor, *hypoleucus* Lef. et M. ,etc., et place les *Rubus* à aiguillons très inégaux et à tige très rude, tels que les *R. Menkei* W. N., *obscurus* Kalt. etc., dans les *R. radulae*.

Gr. *b.* — Radulæ Fock. — Turion ordinairement anguleux, à aiguillons très inégaux, les petits rendant la tige très rude; inflorescence fortement hérissée, à glandes plus ou moins abondantes, mais relativement courtes et dépassées par la villosité des axes ou des pédicelles.

Gr. *c.* — Rudes Nob. — Turion ordinairement anguleux, glabre ou peu poilu, souvent glauque, à aiguillons inégaux, les petits rendant la tige plus ou moins rude. Inflorescence simplement tomenteuse ou très brièvement poilue, à glandes souvent très abondantes mais toujours plus courtes que le diamètre des axes et faisant nettement saillie sur la villosité.

J'ai dû établir ce groupe à la suite de la découverte dans le Tarn et les Pyrénées, d'un grand nombre de formes se rattachant plus ou moins directement aux *R. rudis* W. N. et *scaber* W. N.

Gr. *d*. HYSTRICES Fock. — Turion anguleux, à aiguillons ordinairement très nombreux et très inégaux, les grands comprimés, les petits dégénérant en longues glandes pédicellées. Feuilles presque toujours 5-nées. Inflorescence très glanduleuse, à glandes longues et inégales, la plupart dépassant sensiblement le diamètre des axes et des pédicelles, à aiguillons longs et nombreux; calice aculéolé.

Dans chacun de ces quatre groupes on trouve des formes robustes à feuilles 5-nées, blanches-tomenteuses en dessous, à calice souvent réfléchi ; des formes moyennes, à feuilles encore 5-nées, mais vertes en dessous et à calice le plus souvent étalé; et enfin des formes grêles, à turions subcylindriques, à feuiles 3-nées souvent vertes en dessous, à calice plus ou moins relevé, et qui conduisent insensiblement au groupe suivant.

Gr. *e*.— GLANDULOSI P. J. Mull.—Turion arqué-couché, presque toujours cylindrique, garni d'aiguillons faibles, subulés, de soies et de glandes ; feuilles ordinairement 3-nées et vertes en dessous. Inflorescence à glandes très abondantes, inégales, dépassant longuement le diamètre des pédicelles, accompagnées d'acicules ; sépales presque toujours apprimés. Ronces grêles.

RUBUS DE CAUTERETS

(HAUTES-PYRÉNÉES)

La région que j'ai visitée en 1897 comprend les environs immédiats de Cauterets, d'une altitude moyenne de 900 mètres, la vallée du Gave, jusqu'à Cancéru, le val de Lutour, la gorge de Jéret et surtout la riche montagne de Péguère, sur laquelle les *Rubus* s'élèvent jusqu'à plus de 1600 mètres d'altitude. Cette région, en grande partie boisée, au sol granitique ou schisteux, est essentiellement propre au développement des *Rubus*, qu'on y rencontre en effet en grande abondance.

Section I. — Suberecti.

Paraissent manquer dans les environs de Cauterets.

Section II. — Sylvatici

R. PYRENAICUS Nob. — Robuste; turion à faces planes à la base, un peu canaliculées au sommet, *presque glabre*, à quelques glandes sessiles, à *aiguillons vigoureux*, droits ou un peu falqués; feuilles 5-nées, d'un vert foncé, plus pâles et *glabrescentes en dessous*, à dents fines, très aiguës, inégales; stipules linéaires, à glandes courtes et très rares; pétiole plan, glabrescent, à aiguillons forts, très falqués ou crochus; foliole terminale à pétiolule égalant le tiers ou les deux cinquièmes de sa hauteur, ovale ou *plus souvent obovale, entière ou à peine échancrée, longuement acuminée*, les autres étroitement obovales, acuminées, les inférieures *distinctement pétiolulées*. Rameau anguleux, peu poilu, à aiguillons robustes, un peu falqués; feuilles *presque toutes 5-nées, vertes et glabrescentes en dessous*, à *folioles obovales presque entières, longuement acuminées*. Inflorescence *dense*, étroite, peu feuillée, maigrement hérissée, *sans glandes*, à *aiguillons forts*, falqués; 1 ou deux ramuscules inférieurs à l'aisselle de feuilles ternées; pédoncules moyens peu étalés; calice tomenteux, hérissé, ni glanduleux, ni aculéolé, *réfléchi*; pétales *rosés, largement ovales, à onglet long, échancrés; étamines blanches dépassant les styles verdâtres*; jeunes carpelles glabrescents. Très fertile; pollen pur aux cinq sixièmes environ.

AC. dans la vallée du Gave, en aval de Cauterets : route du Mamelon-Vert, chemin du Stand, à Cancéru, etc.

Paraît être une espèce de premier ordre. Diffère du *R. Questieri* Lef. et M. par ses feuilles raméales quinées, son inflorescence bien moins feuillée, ses fleurs presque blanches, et son pollen plus parfait. (1).

R. subramosus Nob. — Turion obtusément anguleux, *rameux, glabre ou glabrescent, un peu glauque*, à glandes sessiles, à aig. comprimés, droits ou peu falqués. Feuilles 5-nées, *glabres*, d'un *vert foncé* et terne en dessus, en dessous vertes; les moyennes et les inférieures tout à fait glabres, les supérieures un peu poilues ; *dents fines, aiguës, presque égales;* stipules linéaires à glandes courtes et rares; pétiole plan, à poils épars, à aiguillons crochus; foliole terminale à pétiolule égalant le tiers de sa hauteur, *largement ovale, en cœur, peu acuminée*, les autres ovales, échancrées, les inférieures *subsessiles*. Rameau angu-

---

(1) Le *R. Questieri* a le pollen fortement mélangé.

leux, poilu, à aiguillons forts, un peu falqués ; feuilles presque toutes *quinées*, *régulièrement dentées*, les supérieures un peu grises en dessous ; foliole terminale ovale, un peu échancrée, acuminée. Inflorescence *dense*, un peu interrompue et feuillée à la base, hérissée, *sans glandes*, à *aiguillons robustes*, déclinés ou falqués ; pédoncules moyens dressés-étalés ; calice tomenteux, hérissé, ni glanduleux ni aculéolé, *réfléchi ;* pétales *rosés*, presque *orbiculaires*, *rétrécis à la base*, *entiers ;* *étamines blanches dépassant les styles verdâtres ;* jeunes carpelles glabrescents. Fertile ; pollen pur aux trois quarts.

R. Cauterets, à l'entrée de la ville, route de Pierrefitte, sur les schistes. Diffère du précédent par ses folioles plus larges, échancrées, moins acuminées, à denticulation plus régulière ; ses turions pruineux, moins anguleux, très rameux, etc. Paraît appartenir au groupe du *R. rhamnifolius* V. N.

Section III. — Discolores.

R. ULMIFOLIUS. Schott. *fil.* in *Isis* (1818) p. 821 ; Fock., *Syn. Rub.* p. 177. — Turion *anguleux*, souvent un peu canaliculé, *glauque*, *squamuleux ;* feuilles 5-nées, d'un *vert sombre*, *et glabres en dessus*, *blanches-tomenteuses à tomentum ras* en dessous. Inflorescence *simplement tomenteuse ;* calice *tomenteux*, *réfléchi ;* *pollen pur.*

AC. S'élève jusqu'à 1200 mètres vers le val de Cambasque. Je ne mentionnerai que les formes suivantes qui sont les plus répandues.

R. rusticanus Merc. — Foliole caulinaire terminale ovale ou plus généralement *obovale*, *rétrécie et entière* à la base, *cuspidée ;* pétales d'un *rose vif ;* *étamines roses* égalant les *styles rouges* au moins à la base ; jeunes carp. poilus.

R. rusticus Nob. Herb. — Aiguillons forts, foliole caul. terminale *ovale*, un *peu échancrée*, *aiguë ;* denticulation irrégulière ; *pétales blancs*, devenant rosulés à la dessiccation ; *étamines blanches* dépassant les *styles verdâtres ;* jeunes carpelles poilus.

Broussailles, à Pauze-Nouveau. Vient aussi dans le Tarn.

R. dispalatus Nob. Aiguillons nombreux, *très vigoureux*, droits ou très peu falqués sur les rameaux, très crochus sur les pétioles ; foliole caulinaire terminale à pétiolule égalant la moitié de sa hauteur, *étroitement ovale*, tronquée ou un peu échancrée, *peu acuminée*, à dents très inégales. Inflorescence lâche, à aiguillons nombreux et robustes, à rameaux grêles, peu étalés, ou le plus souvent *dressés-subfastigiés ;* pétales *roses* ; *étamines blanches* égalant les *styles verdâtres ;* jeunes carpelles poilus ; *panicule fructifère ordinairement penchée.*

Abondante dans les haies, dans le voisinage du Mamelon-Vert.

✕ **R. RARIGLANDULOSUS.** Nob. — *R. ulmifolius* ✕ *sparsus* — Turion obtusément anguleux, un peu glauque, poilu, non glanduleux ; aiguillons un peu inégaux, courts, droits ; feuilles 3-5-nées, un peu poilues sur les deux faces, les inférieures vertes, les supérieures blanches-tomenteuses en dessous, à dents fines, inégales ; foliole terminale à pétiolule égalant presque la moitié de sa hauteur, ovale, échancrée, acuminée. Rameau poilu, à feuilles ternées, les supérieures blanches en dessous. Inflor. lâche, très peu feuillée, hérissée, à glandes très rares, à aiguillons nombreux falqués ; calice poilu, à lobes un peu appendiculés, réfléchis ; pétales grands, roses, distants ; filets rosés, dépassant les styles roses ; jeunes carpelles glabres. Stérile ; pollen à grains très inégaux, tous déformés.

Broussailles, au-dessous de l'établissement de Pauze-Nouveau, au milieu des parents.

— **R. hebes** Boul. et Luc., *Assoc. rub.;* — *Boul. et B. de Lesd., Rub. gall.* N° 28. — Turion glabre, *non glauque, obtusément anguleux* ; aiguillons forts, droits ; feuilles 5-nées, glabrescentes en dessus, *grises ou blanchâtres tomenteuses* et *courtement poilues* en dessous, à *dents fines*, aiguës, *la plupart simples* ; pétiole à aiguillons fortement falqués ou crochus ; foliole terminale à pétiolule n'égalant pas tout à fait la moitié de sa hauteur, largement ovale ou obovale, arrondie et entière à la base, brièvement acuminée. Rameau obtusément anguleux, peu poilu, à aiguillons droits ou un peu falqués ; feuilles 3-5-nées, semblables aux caulinaires. Inflorescence *lâche, poilue-hérissée*, peu feuillée à la base, à aiguillons falqués ; calice *poilu*, non aculéolé, réfléchi ; pétales ovales ou elliptiques, atténués, à la base, *rosés* ;

filets blancs dépassant peu les styles verdâtres ; jeunes carpelles poilus.

Haies : promenade du Mamelon-Vert, villa des Tilleuls, etc.

Cette plante, que M. Boulay range comme sous-espèce dans le groupe du R. *hedycarpus* Fock, a le pollen formé de grains très inégaux. Toutefois elle paraît bien fructifier et comme elle est assez largement répandue puisqu'elle se rencontre dans le Morvan, le Tarn et les Pyrénées, je ne puis y voir un produit de croisement, d'ailleurs bien difficile à expliquer pour la forme de Cauterets.

Section IV. — Appendiculati.

a). gr. VESTITI.

R. HYPOLEUCUS Lef. et M. *Vers.* 70 ; — *Boul.Subd. sect. Eubatus*, p. 404.

Subsp. **R. ferrariarum** *Rip.* in *Genev. Mon.* 133 (*pr. sp.*) *V. cordatus* Nob. — Turion obstusément anguleux, *très poilu*, à aiguillons *peu inégaux*, un peu comprimés, à *glandes rares* ; feuilles 5-nées, minces, à quelques poils apprimés en dessus, plus pâles et à *nombreux poils brillants en dessous*, les supérieures grises ; dents médiocres, aiguës, inégales ; pétiole poilu, à glandes rares, à aiguillons falqués ; foliole terminale à pétiolule égalant le tiers ou le quart de sa hauteur, étroitement ovale, *insensiblement et longuement acuminée*, un peu échancrée à la base, les inférieures brièvement pétiolulées. Rameau obtusément anguleux, *hérissé*, à *glandes rares*, à aiguillons fins, inégaux ; feuilles 3-nées, à foliole terminale ovale-elliptique entière, longuement acuminée, les supérieures parfois grises en dessous. Inflorescence *feuillée presque jusqu'au sommet, hérissée, peu glanduleuse*, à aiguillons *faibles*, déclinés et falqués ; calice hérissé, aculéolé, à glandes rares, à *lobes réfléchis* ; pétales grands, ovales, très rétrécis à la base, *roses* ; étamines blanches ou rosées *dépassant longuement les styles verdâtres* ; jeunes carpelles poilus. — Très fertile ; pollen mélangé, avec la moitié des grains de grosseur normale.

Près de la Raillière, terrain granitique.

Une forme :

R. sparsus Nob. — Turion *moins poilu* ; feuilles caulinaires *toutes ternées* ; foliole terminale à pétiolule égalant le quart ou le cinquième de sa hauteur, largement ovale ou *obovale, entière* ou peu échancrée, acuminée ; inflorescence moins glanduleuse; calice souvent dépourvu de glandes et d'aiguillons ; pétales roses ; filets blancs *égalant à peine les styles rouges* ; jeunes carpelles très poilus.

α) *virescens* ; feuilles raméales toutes vertes en dessous.

β) *discolor* ; feuilles raméales supérieures blanches-tomenteuses en dessous.

γ) *congestus* ; caractère de la *var.* β mais inflorescence très dense ; étamines dépassant les styles.

C. aux environs de Cauterets : *var.* α, Pauze-Nouveau, sentiers conduisant à la Raillière, Mauhourat, promenade des Lacets, etc ; *var* β, chemin du Stand ; *var.* γ, promenade du Mamelon-Vert.

✕ **R. PETROGENES** Nob. — *R. sparsus* ✕ *ulmifolius.*

Turion obtusément anguleux, glaucescent, à poils apprimés, sans glandes, à aiguillons presque égaux ; feuilles caulinaires 3-5-nées, les supérieures blanches-tomenteuses et poilues en dessous ; foliole terminale à pétiolule égalant le tiers ou le quart de sa hauteur, largement ovale, à peine échancrée, acuminée. Rameau à aiguillons forts, inégaux. Inflorescence très feuillée jusqu'au sommet, maigrement hérissée, à glandes très rares ; calice poilu, un peu aculéolé et glanduleux ; pétales roses ; filets blancs égalant les styles à base rouge ; fructification partielle. Principaux caractères du *R. sparsus*, mais plus robuste, feuilles supérieures blanches en dessous, aiguillons forts, turions un peu pruineux, etc.

Rocailles, à Pauze-Vieux, au milieu des parents.

R. parcepilosus Nob. — Turion *obtusément anguleux*, peu poilu, à glandes courtes, à *aiguillons peu inégaux*, un peu comprimés, vulnérants; feuilles 3-*nées*, d'un vert sombre et à poils apprimés en dessus, plus pâles, minces et glabrescentes en dessous dans les lieux couverts, plus fermes, poilues et parfois grises dans les lieux bien exposés, à *dents fines*, presque égales ; pétiole poilu, un peu glanduleux, à aiguillons falqués ; foliole terminale à pétiolule égalant le quart ou le cinquième de sa hauteur, *largement ovale* ou un *peu obovale, échancrée, acuminée*. Rameau anguleux, poilu, très glanduleux, à aiguillons déclinés ; feuilles 3-nées, à folioles très acuminées, un peu échancrées. Inflorescence oblongue, lâche, souvent presque simple, peu feuillée, hérissée, très glanduleuse, à aiguillons faibles, à pédoncules moyens étalés ; calice tomenteux, verdâtre, poilu, à glandes courtes, un peu aculéolé, réfléchi ; pétales *faiblement rosés*, obovales, obtus ; étamines blanches dépassant les styles jaunâtres ; jeunes carpelles glabres ; pollen fortement mélangé.

AC. Promenade du Mamelon-Vert, Catarrabes, chemin du Stand, Pauze-Vieux, etc.

× **R. BREVIDENS**. Nob. — *R. parcepilosus* ×*ulmifolius*. — Tige anguleuse, glabrescente, à glandes rares, à aiguillons inégaux, peu comprimés ; feuilles 3-5-nées, vert foncé en dessus, les supérieures grises ou blanches-tomenteuses et poilues en dessous, à dents fines, peu profondes ; foliole terminale à pétiolule égalant le quart de sa hauteur, ovale ou obovale, entière ou peu échancrée, aiguë. Inflorescence nue, peu tomenteuse, à quelques glandes courtes, à aiguillons faibles, à pédoncules peu étalés ; calice glanduleux et aculéolé, réfléchi ; pétales rosés ; filets blancs égalant les styles verdâtres ; jeunes carpelles poilus. Stérile.

Au-dessous de Pauze-Nouveau, le long du chemin du col de Riou.

R. SUBALPINUS Nob. — Turion *robuste*, arrondi à la base, à faces planes ou un peu excavées vers le sommet, *glaucescent*, poilu, glanduleux, à aiguillons *petits*, très inégaux, les grands déclinés, peu vulnérants. Feuilles 3-5-nées, épaisses, d'un vert sombre, à quelques poils apprimés en dessus, *vertes et poilues en dessous, très finement dentées*, à *dents simples*, presque égales ; pétiole armé comme la tige, à aiguillons falqués ; foliole terminale à pétiolule égalant le tiers ou le quart de sa hauteur, courtement *obovale ou suborbiculaire*, un peu échancrée, *longuement cuspidée*, les inférieures subsessiles. Rameau arrondi ou obtusément anguleux, poilu, glanduleux, à aiguillons très grêles ; feuilles 3-nées, vertes en dessous, à foliole terminale obovale, entière, cuspidée. Inflorescence *bien développée*, occupant une grande partie du rameau, *feuillée* presque jusqu'au sommet, *fortement hérissée*, glanduleuse, à *aiguillons très faibles*, droits ou déclinés ; pédoncules moyens courts, épais, 1-3-flores, peu étalés ; calice verdâtre, tomenteux, hérissé, glanduleux et aculéolé, à lobes appendiculés, *lâchement relevés* sur le fruit ou un peu étalés ; pétales *blancs, étroitement ovales* ; filets blancs dépassant les styles verdâtres ; jeunes carpelles poilus. Fertile ; la moitié des grains de pollen sont de forme normale.

Vallée du Jéret, près de l'établissement thermal du bois de Hourmigas, et pentes du Péguère, où il s'élève jusqu'à 1600 mètres.

Une forme :

R. intersitus Nob. — Foliole caulinaire terminale plus étroitement et plus *nettement obovale*, presque acuminée, *à dents plus grosses*. Inflorescence plus large et plus lâche, *presque inerme ;* calice à lobes non aculéolés, très *longuement appendiculés*, d'abord réfléchis, puis *étalés* ; pétales *roses*.

Bois de Hourmigas, près de la cascade de Lutour.

— Subsp. **R. saxetanus** Nob. — Turion *arrondi, très poilu, peu glanduleux*, glaucescent, à *aiguillons petits*, inégaux, les grands déclinés ; feuilles 3-*nées* d'un vert terne et à poils épars en dessus, plus pâles, mais vertes et *très mollement poilues* en dessous, à *dents fines, très superficielles*, presque réduites à leur mucron ; pétiole peu glanduleux, à aiguillons falqués ; foliole terminale à pétiolule égalant le quart ou le cinquième de sa hauteur, *étroitement obovale*, entière ou subéchancrée, acuminée. Rameau obtusément anguleux, *poilu, peu glanduleux*, à aiguillons déclinés ou falqués ; feuilles 3-nées semblables aux caulinaires, très poilues et les supérieures presque grisâtres en dessous. Inflorescence presque nue, *dense, courte, hérissée*, glanduleuse, à aiguillons rares, à pédicelles moyens 1-3 flores, dressés-étalés ; calice tomenteux, poilu, un peu glanduleux et aculéolé, à lobes appendiculés, étalés ou *lâchement relevés* sur le fruit ; pétales rosés, ovales ; filets blancs dépassant les styles verdâtres, jeunes carpelles glabres. Très fertile ; pollen pur aux cinq sixièmes au moins.

Plusieurs buissons dans le voisinage de la Raillière.

β). *intermedius.* — Plante moins poilue sur les turions et le dessous des feuilles ; folioles plus larges ; inflorescence beaucoup plus glanduleuse; fleurs blanches.

Près de l'établissement de Pauze-Nouveau.

Une forme:

R. rupigenus Nob. — Turion peu poilu, non glauque, à aiguillons coniques; feuilles 3-nées, très peu poilues en dessous, à dents très fines, mais profondes, très aiguës, inégales ; foliole terminale à pétiolule égalant presque la moitié de sa hauteur, très largement ovale, échancrée, cuspidée; inflorescence plus allongée, à aiguillons plus nombreux ; fleurs blanches.

Pentes du Péguère, vers 1200 mètres.

b). gr. RADULÆ.

R. insuetus Nob. — Turion *anguleux,* à faces planes, *très rude,* glanduleux, peu poilu, à aiguillons très inégaux, les grands déclinés ou falqués ; feuilles 5-nées, d'un vert pâle et presque glabres en dessus, à *dents très fines, superficielles,* presque réduites à leur mucron ; pétiole à aiguillons crochus ; foliole terminale à pétiolule égalant la moitié de sa hauteur, *nettement obovale, entière, brusquement acuminée,* les inférieures distinctement pétiolulées. Rameau anguleux, peu poilu, glanduleux, très rude, à aiguillons falqués ou crochus ; feuilles 3-nées, les supérieures grises en dessous. Inflorescence interrompue et feuillée presque jusqu'au sommet, grande, *hérissée, très glanduleuse,* à *aiguillons forts,* la plupart *vivement crochus*; pédoncules multiflores, ramifiés souvent dès la base ; calice tomenteux, poilu, glanduleux et aculéolé, à lobes *étalés* ; pétales roses, obovales, émarginés; filets blancs ou roses dépassant les styles verdâtres; jeunes carpelles poilus. Très fertile; pollen pur aux cinq sixièmes au moins. Haies, murs. Vallée du Gave, à Cancéru, au Stand de la Société de tir, etc...

Se rattache, comme sous-espèce, au *R. radula* Wh., et est nettement caractérisé par la forme de ses folioles, sa denticulation superficielle, ses aiguillons crochus sur les axes, ses fleurs roses et son calice étalé.

R. dubius Nob. — Turion *anguleux,* à faces planes, *d'un*

brun rougeâtre, poilu, très glanduleux, à aiguillons très inégaux,
les grands comprimés, déclinés ou falqués, vulnérants. Feuilles
3-5-nées, d'un *vert sombre*, presque glabres en dessus, *vertes* et
peu poilues en dessous, à *dents fines*, aiguës, presque égales;
pétiole très glanduleux à aiguillons falqués ou subcrochus; foliole terminale à pétiolule égalant le tiers ou la moitié de sa
hauteur, *ovale ou obovale*, échancrée, peu acuminée. Rameau
anguleux, poilu, très glanduleux, à aiguillons falqués ou réclinés; feuilles 3-nées, *vertes en dessous* et très peu poilues, à folioles aiguës. Inflorescence *allongée, peu feuillée* à la base,
hérissée, glanduleuse, à *aiguillons faibles*, déclinés ou falqués;
pédoncules moyens 1-3-flores, dressés-étalés; calice hérissé,
glanduleux et un peu aculéolé, *réfléchi*; pétales......; étamines
blanches dépassant les styles; carpelles nombreux, glabres.

Route du Mamelon-Vert, à la sortie de la ville, près du ruis-
seau de Cambasque.

Cette ronce, dont je n'ai point vu les fleurs, et que je possède
aussi du Tarn, me paraît devoir être rattachée au *R. fuscus* W.
N. Elle diffère du type par ses feuilles bien moins poilues, la
forme des folioles, son inflorescence non feuillée, etc...

R. alpinus Nob. — Turion anguleux, *brun*, à faces planes,
glabre ou glabrescent, très glanduleux, à aiguillons très inégaux,
droits ou déclinés, vulnérants. Feuilles la *plupart 3-nées*, d'un
vert sombre et glabrescentes en dessus, plus pâles, vertes, et peu
poilues en dessous, *très finement* et *simplement dentées*; pétiole
à aiguillons falqués ou géniculés; foliole terminale à pétiolule
égalant les deux cinquièmes de sa hauteur, *suborbiculaire*, un
peu obovale, échancrée, *longuement cuspidée*, les autres ordinairement lobées à l'extérieur, cuspidées. Rameau anguleux,
flexueux, peu poilu, très glanduleux, à aiguillons déclinés ou
falqués, *quelques-uns réclinés*; feuilles 3-nées, vertes en dessous
ou les supérieures un peu grises; foliole terminale courtement
obovale ou suborbiculaire, peu échancrée, cuspidée. Inflorescence
non *ou peu feuillée, presque simple*, brièvement hérissée,
glanduleuse, à pédoncules moyens 1-2-flores, étalés, à aiguillons très grêles; calice tomenteux, poilu, à quelques glandes
courtes, non ou à peine aculéolé, à lobes *presque complètement*

2

réfléchis ; pétales *blancs*, ovales, contractés en onglet ; étamines blanches égalant les styles verdâtres ; jeunes carpelles glabres. Bien fertile.

Pentes du Péguère, vers 1.600 mètres.

Sous-espèce du *R. thyrsiflorus* W.N., remarquable par ses folioles cuspidées, très finement dentées, ses turions nettement anguleux, ses calices presque complètement réfléchis, etc...

R. elegans Nob. — Turion *obtusément anguleux, peu poilu,* très glanduleux, à aiguillons très inégaux, les grands un peu comprimés, déclinés. Feuilles 3-5-nées, d'un vert pâle et glabrescentes en dessus, les supérieures grises-tomenteuses et très poilues en dessous, à dents médiocres, inégales ; pétiole à aiguillons déclinés ou un peu falqués ; foliole terminale à pétiolule égalant le tiers ou le quart de sa hauteur, ovale, un peu échancrée, acuminée. Rameau anguleux, très poilu, glanduleux, à aiguillons déclinés ou falqués ; feuilles 3-nées, les *supérieures grises ou blanchâtres* en dessous, à folioles acuminées. Inflorescence pyramidale, *dense, très feuillée* dans sa moitié inférieure, brièvement hérissée, très glanduleuse, à glandes courtes, à aiguillons nombreux, forts, droits ou déclinés ; pédoncules moyens multiflores, étalés ; calice tomenteux, courtement poilu, à glandes courtes, un peu aculéolé, étalé ; pétales grands, ovales, à onglet court, *roses ; étamines roses* dépassant longuement les *styles rouges* ; jeunes carpelles un peu poilus. Très fertile ; pollen rès mélangé.

Vallée du Jéret, au-dessus de l'établissement thermal du Bois. Vient aussi dans les Monts de Lacaune (Tarn) et paraît relier les *R. radulæ* aux *R. hystrices* par ses fleurs d'un beau rose, qui le rapprochent du *R. rosaceus* W. N. dont il paraît cependant bien distinct. Il est peu éloigné du *R. mutabilis* Gen. Mon. p. 163, dont il diffère par son inflorescence dense, non aciculée, les lobes du calice non ou peu appendiculés, ses pétales plus larges, etc.

R. reconditus Nob. — Turion *arrondi,* non glauque, *peu poilu,* glanduleux, aciculé, à *aiguillons grêles,* déclinés. *Feuilles 3-nées,* d'un *vert foncé, poilues sur les deux faces,* à dents la *plupart simples, superficielles* ; foliole terminale à pétiolule égalant le tiers de sa hauteur, *obovale, entière*, acuminée; les inférieures ovales. Rameau *hérissé, arrondi*, très glanduleux, à aiguillons *très grêles*, déclinés; inflorescence *grande, allongée, feuillée jusqu'au sommet, fortement hérissée*, à glandes rouges très inégales, à aiguillons nuls ou très rares et aciculaires, à pédoncules 1-3-flores, étalés; calice blanc-hérissé, glanduleux, non aculéolé, *réfléchi*; pétales.....; étamines dépassant les styles; carpelles glabres.

Promenade des Lacets.

Cette plante, dont je n'ai pu voir les fleurs, tient des *R. glandulosi* par ses turions arrondis, ses aiguillons grêles et ses longues glandes pédicellées; mais son inflorescence bien développée, ses sépales réfléchis, me la font ranger, après beaucoup d'hésitation, dans les *R. radulæ*. Elle ne diffère d'ailleurs du *R. teretiusculus* Kalt. que par ses turions plus arrondis et bien moins poilus, et ses folioles très finement denticulées.

C) gr. RUDES.

R. rupicolus Nob. — Turion anguleux, à faces planes, *glabre, presque lisse*, à *glandes rares*, non ou à peine pruineux, à aiguillons inégaux, espacés, les grands déclinés ou falqués. Feuilles 5-nées, *d'un vert sombre* et à quelques poils apprimés en dessus, *vertes et glabrescentes en dessous*, à *dents grosses*, inégales; pétiole peu glanduleux à aiguillons falqués ou géniculés; foliole terminale à pétiolule égalant le tiers de sa hauteur, *ovale, échancrée, acuminée*, les inférieures subsessiles. Rameau anguleux, *peu poilu*, à aiguillons *très grêles*, déclinés, à glandes courtes; feuilles la plupart 3-nées, vertes en dessous, à foliole terminale cuspidée. Inflorescence *courte, presque nue, dépassant peu les feuilles*, lâchement poilue, à glandes courtes, à *aiguillons faibles*; pédoncules grêles, ascendants ou peu étalés, 1-3-flores; calice poilu, à glandes courtes, un peu aculéolé, *réfléchi*; pétales rosulés, ovales, arrondis; filets blancs dépassant les styles verdâtres; jeunes carpelles glabres. Fertile.

Pentes du Péguère, vers 1600 mètres.

R. scaberrimus Nob. — Turion *obtusément anguleux, glaucescent, glabre* ou *à poils rares*, peu glanduleux, à aiguillons très inégaux, courts, presque coniques, *droits ou déclinés*. Feuilles 3-5-nées, *vertes* et *glabrescentes* sur les deux faces, à dents médiocres, la *plupart simples*, presque égales; pétiole à aiguillons déclinés; foliole terminale à pétiolule égalant le tiers ou le quart de sa hauteur, *ovale ou obovale*, un peu échancrée, aiguë ou acuminée, les inférieures subsessiles. Rameau anguleux, *glabrescent*, glanduleux, a aiguillons très inégaux, droits, déclinés ou un peu falqués; feuilles 3-nées, *vertes en dessous*, glabrescentes. Inflorescence un peu feuillée à la base, pubescente, *peu poilue, très glanduleuse*, à aiguillons inégaux, droits ou déclinés; pédoncules moyens 1-3-flores, dressés-étalés; calice tomenteux, peu poilu, à glandes courtes, aculéolé, *étalé*; pétales *blancs*, ovales; filets blancs dépassant les styles verdâtres; jeunes carpelles *glabres*. Fertile.

C. aux environs de Cauterets, sur le Péguère, dans la vallée du Gave, etc.

β. *oblongatus*. — Robuste; feuilles caulinaires 5-nées; foliole terminale oblongue, étroite, mais à base large, échancrée.

Sur le Péguère, vers 1200 mètres.

γ. *fallacinus*. — Grêle et d'un vert jaunâtre; feuilles poilues en dessous; obovales; inflorescence petite. Aspect du *R. Scaber*.

Promenade des Lacets (fl. roses), au Stand, etc.

δ. *pubescens*. — Grêle et d'un vert jaunâtre; turions, rameaux et feuilles poilus; aiguillons très faibles ou presque nuls sur l'inflorescence; glandes longues, fleurs souvent rosées.

Bois de Hourmigas; cascade de Lutour, établissement du Bois.

ε. *latifolius*. — Plante d'un vert sombre, rameaux poilus; foliole caulinaire terminale très largement ovale ou suborbiculaire; inflorescence grande à rameaux étalés, très glanduleuse et feuillée.

Route de Pierrefitte, à l'entrée de la ville

Appartient au gr. du *R. Scaber* W. N. et est caractérisé par ses aiguillons caulinaires presque droits et la glabrescence de toutes ses parties.

× **R. PARVIFLORUS** Nob. — *R. Scaberrimus v. fallacinus* ×*ulmifolius*.—Grêle; turion anguleux, pubescent, pâle, à glan-

des rares ou nulles, à aiguillons inégaux ; feuilles 3-nées, poilues sur les deux faces, d'un vert pâle ; foliole terminale ovale,
échancrée, aiguë. Rameau pubescent à glandes très rares ; inflorescence tomenteuse, à glandes rares, à aiguillons droits; pétales roses; étamines blanches ou rosées, plus courtes que les styles rouges

α. *virescens.* — Feuilles vertes en dessous; calice étalé ; inflorescence lâche.

Promenade des Lacets.

β. *discolor.* — Feuilles supérieures blanches-tomenteuses en
dessous; calice réfléchi; inflorescence dense. Promenade des
Lacets : sentier de la Raillière.

4 formes :

R. finitimus Nob.—Turion glabre; feuilles caulinaires 5-nées,
à foliole terminale largement ovale. Inflorescence tomenteuse, à glandes courtes, à aiguillons très courts et très rares;
calice non aculéolé, à lobes lâchement relevés; pétales rosés; étamines blanches, plus courtes que les styles rouges; jeunes carpelles pubescents.

α. *genuina.* — Inflorescence lâche. Bois de Hourmigas.

β. *congestus.* — Inflorescence dense. A la source-mère de
Mauhourat.

R. dispectus Nob. — Turion glabre, à aiguillons droits, non
ou à peine glaucescent; feuilles très finement et superficiellement
dentées, très peu poilues ; foliole terminale obovale à peine
échancrée, brusquement et longuement acuminée ; feuilles raméales à folioles obovales-cunéiformes, entières et cuspidées.
Inflorescence un peu poilue, presque simple, petite, nue, à
calices le plus souvent réfléchis ; pétales blancs ou rosulés ;
étamines blanches égalant les styles verdâtres ou à base rouge ;
jeunes carpelles d'abord poilus, bientôt glabres.

Cancéru, chemin du Stand, sous la Laiterie générale, etc.

R. scabiosus Nob. — Turion peu poilu, non glauque à aiguillons fortement déclinés, pétiole à aiguillons géniculés ; feuilles
très peu poilues, à dents fines ; foliole terminale ovale ou obovale, très échancrée, longuement acuminée ; rameau poilu, à
aiguillons fortement courbés, quelques-uns réclinés ; folioles

raméales obovales, acuminées, entières ; inflorescence grande,
pyramidale, multiflore, nue, à aiguillons longs, fortement déclinés ou réclinés ; lobes du calice verdâtres, relevés, appendiculés ;
pétales blancs ; filets blancs, plus courts que les styles à base
rose ; jeunes carpelles poilus.

Etablissement thermal du bois de Hourmigas.

R. coriaceifolius Nob. — Turion arrondi, glauque, glabrescent ; feuilles 3-nées, grises-tomenteuses en dessous, coriaces,
à dents très fines, superficielles ; foliole terminale étroitement
elliptique-obovale, allongée, un peu échancrée, brusquement et
longuement acuminée, à pétiolule égalant le cinquième de sa
hauteur. Inflorescence courte, lâche, corymbiforme, à aiguillons
grêles ; calice imparfaitement réfléchi ; pétales blancs ; filets
blancs égalant les styles à base rouge ; jeunes carpelles un peu
poilus. Fertile.

Eboulis de la Raillière.

R. GLAUCELLUS Nob. — Turion *arrondi* ou *obstusément
anguleux, très glauque, poilu,* à nombreuses glandes courtes, à
aiguillons très inégaux, *faibles, déclinés* ou un peu *falqués ;* feuilles presque *toutes 3-nées,* d'un *vert jaunâtre,* à quelques poils apprimés sur les deux faces, vertes en dessous, à dents *très fines, simples,
superficielles*; pétiole à aiguillons déclinés ou un peu falqués ; foliole terminale à pétiolule égalant le quart de sa hauteur, largement
ovale-rhomboïdale, entière ou à peine échancrée, *un peu acuminée.* Rameau anguleux, *peu poilu,* glanduleux, à aiguillons déclinés
ou falqués ; feuilles 3-nées, vertes en dessous, à foliole terminale
obovale, entière, cuspidée ou un peu acuminée au sommet des
rameaux. Inflorescence *brièvement tomenteuse,* très peu poilue,
à glandes pâles, à aiguillons faibles, droits ou un peu falqués ;
pédicelles moyens 1-3-flores, nus, grêles, étalés ; calice verdâtre, peu tomenteux, poilu, glanduleux, un peu aculéolé, à lobes
nettement relevés sur le fruit ; pétales *blancs,* ovales ; filets blancs
dépassant les styles verdâtres, à base ordinairement rose ;
jeunes *carpelles poilus.* Très fertile ; pollen pur aux trois quarts.

C. sur toute la montagne de Péguère.

β.) *inermis.* — Inflorescence peu glanduleuse et tout à fait inerme. Près de la cascade de Cérisey.

γ.) *laxus.* — Robuste ; turion glabrescent, à glandes rares ; feuilles grandes, les caulinaires 5-nées ; inflorescence occupant une grande partie du rameau, très lâche et très multiflore, étalée, à aiguillons nombreux ; pétales et étamines rosés ; pollen pur aux neuf dixièmes au moins.

Bords du Gave de Lutour.

2 formes :

R. laxiflorus Nob.— Grêle ; turion *arrondi* à aiguillons allongés, comprimés ; feuilles 3-nées, à foliole terminale *insensiblement acuminée* ; inflorescence *très lâche, subdivariquée*, à pédicelles très grêles ; calice verdâtre à lobes longuement appendiculés, longtemps réfléchis puis *étalés* ; pétales blancs ; étamines blanches dépassant les styles verdâtres.—Port du *R. hirtus* W. K.

A l'entrée du val de Lutour.

R. subprasinus Nob. — *Très grêle* ; foliole terminale *arrondie à la base, insensiblement et très longuement acuminée* ; inflorescence *petite*, souvent penchée, presque simple ; calice à lobes étroits, finement appendiculés ; pétales blancs, étroits ; étamines blanches *plus courtes* que les styles verdâtres ; jeunes carpelles *glabres* ; calice lâchement relevé sur le fruit.

Cascade de Lutour.

Aspect du *R. prasinus* Fock., mais turion très glauque et glandes plus abondantes.

d). gr. HYSTRICES.

R. atricolor Nob.— Turion obtusément anguleux, *non glauque, poilu*, très glanduleux, à *aiguillons grêles*, les grands déclinés ou falqués, les petits aciculaires, rougeâtres. Feuilles *grandes, 5-nées*, épaisses, d'un *vert sombre* en dessus, à poils apprimés sur les deux faces, plus pâles en dessous, les supérieures grises ; pétiole très glanduleux à aiguillons déclinés ou falqués ; foliole terminale à pétiolule égalant le tiers ou le quart de sa hauteur, *très largement ovale, échancrée, acuminée*, les latérales et les inférieures subsessiles ; *dents fines*, superficielles. Rameau arrondi, poilu, très glanduleux, à aiguillons presque aciculaires, déclinés ; feuilles 3-nées, les supérieures grises ou blanchâtres en dessous ; foliole terminale ovale, échancrée, acuminée. Inflorescence *grande, pyramidale,* occupant une grande partie du rameau, *feuillée* presque jusqu'au sommet, *tomenteuse,* peu poilue, à nombreuses glandes brunes, longues et inégales, à aiguillons, grêles, aciculaires, droits ou déclinés ; pédoncules allongés, multiflores, peu étalés ; calice *tomenteux, verdâtre,* très glanduleux et un peu aculéolé, à lobes appendiculés, d'abord réfléchis puis *apprimés* ; pétales *grands, rosés,* elliptiques, allongés ; *filets roses* égalant ou dépassant peu les styles à base rouge ; jeunes carpelles poilus. Pollen pur aux cinq sixièmes.

A l'entrée du val de Lutour, aux bords du Gave.

Diffère du R. *fusco-ater* W. N. par ses aiguillons grêles, son inflorescence simplement tomenteuse, ses pétales étroits, presque blancs, etc.

R. lithophilus Nob.— Turion anguleux, à faces planes, *glaucescent, à poils rares,* glanduleux, à *aiguillons très nombreux,* très inégaux, les grands comprimés, déclinés ; feuilles *3-nées,* d'un vert foncé et glabrescentes en dessus, plus pâles, *vertes* et *peu poilues en-dessous,* à dents médiocres, presque égales ; pétiole à aiguillons déclinés ; foliole terminale à pétiolule égalant la moitié ou le tiers de sa hauteur, *largement ovale,* peu échancrée, *acuminée.* Rameau anguleux, *très peu poilu,* très glanduleux, aciculé, à aiguillons déclinés, à feuilles vertes en dessous. Inflorescence *courte* et *très lâche,* peu feuillée, *glabrescente,* à *glandes pourpres très abondantes, longues et inégales,* à aiguillons très nombreux, droits ou déclinés ; pédoncules moyens étalés, multiflores ; sépales *verts,* bordés de blanc, glanduleux, très aculéolés, étroits, appendiculés, *lâchement relevés* sur le fruit ; pétales ovales, *roses* ; filets d'un *rouge vif* dépassant les styles jaunâtres ; jeunes carpelles poilus. Très fertile ; pollen pur aux deux tiers.

Rochers granitiques, au-dessous de la Raillière.

Plante voisine du R. *scabripes* Gen., et appartenant au gr. du R. *rosaceus* W. N.

R. abietinus Nob. — Turion *anguleux,* à *faces planes, presque glabre,* glanduleux, à aiguillons *forts, jaunâtres,* très inégaux, les grands comprimés, très déclinés ou falqués, feuilles *3-nées,* d'un vert sombre, *glabrescentes* sur les deux faces, ver-

tes en dessous, à *dents grosses*, inégales, peu profondes ; pétiole
à aiguillons *crochus ou réclinés* ; foliole terminale à pétiolule
égalant le tiers ou le quart de sa hauteur, *obovale, large, échancrée, acuminée*, les inférieures subsessiles. Rameau anguleux,
glabrescent, à glandes jaunâtres, à aiguillons nombreux, déclinés ou falqués, quelques-uns crochus ; feuilles 3-nées, vertes en
dessous. Inflorescence très interrompue, *feuillée* presque jusqu'au sommet, *étroite, arquée*, peu tomenteuse, à poils rares,
à nombreuses glandes pâles, à aiguillons nombreux, droits, déclinés ou falqués ; pédoncules moyens 1-2-flores, courts, dressés-
étalés ; calice verdâtre, peu tomenteux, à lobes bordés de
blanc, très glanduleux et aculéolés, appendiculés, *apprimés* ;
pétales *roses, ovales*, petits ; filets rosés, *plus courts* que les styles
rouges ; jeunes carpelles poilus. Fertile.

Gorge du Jéret, près la cascade de Cerisey.

Paraît appartenir au même groupe que le précédent.

R. chloroticus Nob. — Plante d'un *vert jaunâtre* dans
toutes ses parties. Turion anguleux, à aiguillons *très nombreux*
et très inégaux, *jaunâtres*, les grands comprimés, déclinés ou un
peu falqués, les petits aciculaires. Feuilles 3-5-nées, d'un vert
jaunâtre, *minces*, vertes et à quelques poils apprimés sur les
deux faces, à dents médiocres, *simples*, presque égales ; pétiole à
aiguillons très déclinés ou falqués ; foliole terminale à pétiolule
égalant le tiers ou le quart de sa hauteur, *obovale, entière, brusquement acuminée*, les autres de même forme, les inférieures
pétiolulées. Rameau anguleux, glanduleux, aciculé, à aiguillons
très déclinés, quelques-uns falqués ; feuilles 3-nées, semblables
aux caulinaires, plus finement dentées. Inflorescence allongée,
interrompue et feuillée à la base, brièvement poilue, très glanduleuse, à aiguillons *nombreux, longs, jaunâtres*, droits ou déclinés ;
pédoncules moyens 1-3-flores, dressés-étalés ; calice blanchâtre,
tomenteux, poilu, glanduleux, aculéolé, à lobes étroits, appendiculés, étalés ou lâchement *relevés* ; pétales *très étroits, blancs*
ou rosulés ; filets blancs dépassant les styles verdâtres, jeunes
carpelles poilus.

Promenade des Lacets.

Sous-espèce du R. *Koehleri* W. N. caractérisée par sa teinte
jaunâtre, la forme de ses folioles, ses pétales étroits, etc.

× **R. EXILENTUS** Nob. — *R. chloroticus* × *ulmifolius*. —
Plante d'un vert jaunâtre, à feuilles vertes en dessous, à folioles
obovales comme dans le R. *chloroticus*, mais turion à glandes nulles
ou très rares, à aiguillons presque égaux ; inflorescence presque
nue, multiflore, tomenteuse, peu poilue, à glandes courtes et
très rares, à aiguillons courts, grêles, à pédicelles très grêles ;
calice tomenteux, ordinairement dépourvu de glandes et d'aiguillons, à lobes courts, imparfaitement réfléchis ; pétales roses,
espacés, étroits ; filets roses égalant à peine les styles verdâtres ;
jeunes carpelles poilus. — Stérile.

Promenade des Lacets.

e). gr. GLANDULOSI.

† *Inflorescence non fortement rougie pour les glandes et les*
aiguillons ; calice verdâtre.

R. Lamyi Genev. *Mon.* p. 92. — Turion *arrondi* ou obtusément anguleux, *pâle*, à poils rares, glanduleux, aciculé, à aiguillons très inégaux, les grands droits ou déclinés. Feuilles presque *toutes 3-nées*, d'un vert pâle, *très poilues sur les deux faces*,
finement dentées ; pétiole à aiguillons déclinés ou un peu falqués ; foliole terminale à pétiolule égalant presque la *moitié de*
sa hauteur, très *largement ovale*, échancrée, assez brusquement
acuminée. Rameau arrondi, *très poilu*, glanduleux, aciculé, à
aiguillons très inégaux, les grands comprimés, déclinés ou falqués ; feuilles 3-nées semblables aux caulinaires. Inflorescence
grande, interrompue et *feuillée à la base, dressée, fortement*
hérissée, glanduleuse, aciculée, à aiguillons nombreux, pâles,
droits ou déclinés ; pédoncules moyens multiflores, étalés, à
pédicelles grêles, souvent divariqués ; calice tomenteux-ver-
dâtre, hérissé, glanduleux, aculéolé, à lobes étroits, longuement
appendiculés, *lâchement relevés* sur le fruit ; pétales *blancs*,
obovales, petits ; filets blancs *égalant presque* les styles verdâtres ; jeunes carpelles à poils rares. Fertile.

Chemin du col de Riou, un peu après Pauze-Nouveau, à gau-
che en montant.

R. Bayeri Fock. *Syn.* p. 378. — Turion *arrondi*, peu poilu,
très glanduleux, à *aiguillons pâles*, les grands comprimés et

déclinés. *Feuilles 3-nées*, poilues sur les deux faces, minces, vertes en dessous, finement dentées; pétiole à aiguillons déclinés ; foliole terminale à pétiolule égalant le tiers ou le quart de sa hauteur, *largement ovale*, échancrée, *brusquement acuminée* ou cuspidée. Rameau *peu poilu*, armé comme la tige, à feuilles plus longuement acuminées. *Inflorescence pâle*, presque jaunâtre, interrompue et feuillée à la base, ramifiée, *peu poilue*, très glanduleuse, aciculée, à aiguillons longs, grêles, droits, jaunâtres ; pédoncules moyens dressés-étalés, 3-flores ; calice gris-verdâtre, poilu, très glanduleux et aculéolé, à lobes courtement appendiculés, d'abord réfléchis *puis relevés* ; pétales blancs, étroitement ovales ; filets blancs égalant les styles verdâtres ; jeunes carpelles poilus.

Près de la cascade de Lutour.

β). *umbrosus*.— Folioles plus larges, nettement cuspidées; inflorescence courte et large, à ramuscules arqués; sépales longuement appendiculés, relevés dès l'anthèse ; jeunes carpelles glabres.

Bois de Hourmigas.

Cette plante de la cascade de Lutour ne me paraît pas différer des échantillons de *R. Bayeri* que je possède de Bavière.

††. *Inflorescence fortement rougie par les glandes et les aiguillons.*

R. HIRTUS W. K. *Pl. rar. Hung*. II. 150 ; *Fock. Syn*. 371.— Étamines dépassant longuement les styles ou les égalant.

2 formes :

R. rufescens Lef. et Mul. ; R. *lilacinus* Genev. *Mon*. 86, non Wirtg.— Turion arrondi, peu poilu, *rougeâtre*, très glanduleux, aciculé, à aiguillons déclinés ou falqués ; feuilles 3-5-nées, d'un *vert gai* en dessus, plus pâles en dessous, à quelques poils apprimés sur les deux faces, à *dents très fines, simples, superficielles, souvent à peine visibles* ; pétiole à aiguillons falqués ou crochus ; foliole terminale à pétiolule égalant le tiers de sa hauteur, elliptique-ovale ou obovale, à peine échancrée, acuminée. Rameau anguleux, *poilu*, armé comme la tige, à aiguillons falqués ; feuilles 3-nées, à folioles brièvement acuminées. *Inflorescence allongée, dense, étroite*, un peu interrompue à la base, *hérissée*, glanduleuse, aciculée, à aiguillons nombreux ; pédoncules moyens 1-3-flores, courts, étalés; calice grisâtre, poilu, glanduleux et aculéolé, à lobes étroits, lâchement relevés ; pétales blancs, étroits ; filets blancs *dépassant les styles* ordinairement *rouges*, au moins à la base ; jeunes *carpelles glabres*.

AC dans les bois de Mauhourat, vers le Mamelon-Vert, etc.

R. brachyodon Nob. — Turion *presque glabre*; feuilles 3-nées, d'un vert sombre en dessus, à *dents très fines*, à *mucron étalé* ; foliole terminale à pétiolule égalant le tiers ou le quart de sa hauteur, *étroitement ovale-rhomboïdale*, échancrée, *insensiblement acuminée* ; rameau poilu, à folioles elliptiques-obovales, acuminées. Inflorescence occupant une *grande partie du rameau, feuillée* ou *munie de larges bractées jusqu'au sommet*, brièvement poilue, à pédoncules épais, très multiflores, *ascendants* ; calice verdâtre à lobes longuement appendiculés, relevés ; pétales blancs; filets blancs *égalant* les *styles jaunâtres*. Très fertile; jeunes carpelles poilus.

Pentes du Péguère, vers 1500 mètres.

Subsp. **R. Guentheri** W.N. ; *Fock., Syn*, 376. — Etamines longuement dépassées par les styles.

2 formes :

R. peguericus Nob. — Turion *très poilu*, pétiole à aiguillons déclinés ; feuilles 3-nées, d'un vert pâle, à *dents médiocres, peu profondes* ; foliole terminale à pétiolule égalant le quart de sa hauteur, *ovale*, à contour *très net*, échancrée, *brièvement acuminée* ; inflorescence allongée, *nue, arquée*, pubescente; *styles rougeâtres* ; jeunes carpelles *glabres*.

Pentes du Péguère, vers 1300 mètres.

R. interruptus Nob. — Turion un *peu anguleux, glabrescent*, à aiguillons *pâles*, grêles; feuilles *grandes*, 3-5-nées, minces, d'un vert sombre, peu poilues, *très finement* et *régulièrement dentées* ; foliole terminale à pétiolule égalant presque la moitié de sa hauteur, *largement ovale*, échancrée, acuminée. Rameau anguleux à aiguillons très grêles, déclinés ; feuilles grandes, à foliole terminale ovale. Inflorescence *étroite*, occupant *presque tout le rameau, formée de petites grappes simples, arquées, disposées à l'aisselle de presque toutes les feuilles*, dont elles égalent les pétioles, la *terminale penchée*, dépassée par les dernières bractées foliacées ; glandes longues et abondantes, mais aiguillons *presque nuls* ; calice verdâtre, non ou très peu aculéolé, à lobes finement appendiculés ; pétales *très petits, suborbiculaires,* rosulés ; étamines blanches *très courtes* ; *styles rouges* ; jeunes carpelles glabrescents. Fertile.

Bois de Hourmigas, près de la cascade de Lutour.

Section. V. — Triviales.

R. CAESIUS L. — Genev. Mon. 4. — Turion *arrondi, glauque,* à poils rares, à aiguillons faibles ; feuilles 3-*nées, vertes en dessous,* glabrescentes, à dents très inégales ; *stipules larges* ; *pétiole canaliculé;* foliole terminale à pétiolule égalant le tiers ou le quart de sa hauteur, *très largement ovale-rhomboïdale,* acuminée, les inférieures subsessiles. Inflorescence *courte, corymbiforme, pauciflore,* peu *poilue,* à *glandes rares* ; calice *dépourvu de glandes pédicellées,* apprimé ; pétales blancs, *suborbiculaires* ; étamines blanches égalant les styles verts ; jeunes *carpelles glabres.* Drupéoles grosses, glauques et bleuâtres. Pollen parfait. Très précoce.

Vallée du Gave, vers le Mamelon-Vert.

Une forme :

R. ligerinus. *Genev. Mon.* 19 (*pro sp.*). — *Boul. et B. de Lesd., Rub. Gall.* n° 5o. — Baenitz, *Herb. Europ.* 9509 (nom : *R. caesius* × *Mikani* f. *Guntheri* Utsch) et n°..... (nom. ; *R. candicans* × (*Guntheri* × *cæsius*) Utsch. — Plante beaucoup plus glanduleuse que le type ; inflorescence et calices à glandes pédicellées souvent très abondantes ; lobes du calice ovales-lancéolés, longuement acuminés ; pétales plus étroits que dans le type, échancrés ; étamines dépassant les styles. Plante à pollen parfait et très fertile. N'est certainement pas hybride !

C. Vallée du Gave, à Pauze-Nouveau, etc..

× **R. AMPLIFOLIATUS** Sudre. *Bul. Ass. pyr.* 1898, n° 204 !

R. ulmifolius × *ligerinus.* — Turion obtusément anguleux, robuste, glauque, presque glabre, à glandes nulles ou très rares, à aiguillons forts, peu inégaux, comprimés, droits. Feuilles 5-nées, d'un vert sombre et glabres en dessus, pâles et un peu grises et peu poilues en dessous, à dents fines, très inégales ;

stipules larges ; pétiole à aiguillons falqués ; folioles très amples, se recouvrant par les bords, la terminale à pétiolule égalant la moitié de sa hauteur, orbiculaire, en cœur, aiguë ou cuspidée, les autres subsessiles. Rameau glaucescent, à aiguillons robustes, à feuilles 3-5-nées, grises en dessous. Inflorescence courte, large, subcorymbiforme, un peu interrompue à la base, tomenteuse, brièvement poilue, à quelques glandes pédicellées, à aiguillons courts, forts ; pédoncules moyens multiflores, dressés-étalés ; calice tomenteux, à glandes nulles ou rares, à lobes courts, étalés ; pétales grands, orbiculaires, roses ; filets blancs égalant les styles rouges ; jeunes carpelles glabrescents ; quelques rares drupéoles arrivent à maturité. Pollen à grains presque tous déformés.

Abondant au-dessous de l'établissement de Pauze-Nouveau.

× **R. ASSURGENS** *Boul. et Bouv. Ass. Rub.* 54. — *Genev. Mon.* p. 24. *R. ligerinus* × *ulmifolius* Nob. — Turion glauque, subarrondi, glabre, glanduleux, à aiguillons coniques, presque droits, très inégaux ; feuilles 5-nées, d'un vert foncé en dessus ; en dessous presque vertes, peu poilues, à dents fines, inégales ; stipules larges ; foliole terminale ovale ou ovale-rhomboïdale, entière, aiguë, les autres subsessiles. Inflorescence multiflore, brièvement poilue, glanduleuse ; calice un peu glanduleux, apprimé ; pétales roses, petits, ovales, chiffonnés ; filets blancs égalant les styles verdâtres ou rougeâtres ; jeunes carpelles glabres. Stérile.

β. *ferox.* — Aiguillons très nombreux particulièrement sur les turions et les pédicelles ; pétales presque blancs. Robuste.

Le type et la var. β assez communs dans la vallée du Gave, vers le Stand, etc..

Tableau synoptique des **RUBUS DE CAUTERETS.**

I. — **SUBERECTI.**
Néant.

II. — **SYLVATICI.**

R. PYRENAICUS.
R. subramosus.

III. — **DISCOLORES.**

R. ULMIFOLIUS Schott.
R. rusticanus Merc.
R. rusticus.
R. dispalatus.
× *R. rariglandulosus* (ulm. × sparsus).
R. HEDYCARPUS Fock.
R. hebes Boul. et L.

IV. — **APPENDICULATI.**

a) VESTITI.

R. HYPOLEUCUS Lef. et M.
R. ferrariarum Rip.
R. sparsus.
× *R. petrogenes* (spars. × ulm.).
R. parcepilosus.
× *R. brevidens* (parcep. × ulmif.).
R. SUBALPINUS.
R. intersitus.
R. saxetanus.
R. rupigenus.

b) RADULÆ.

R. insuetus.
R. dubius.
R. alpinus.
R. elegans.
R. reconditus.

c) RUDES.

R. rupicolus.
R. scaberrimus.
× *R. parviflorus* (scaberr. × ulm.).
R. finitimus.
R. dispectus.
R. scabiosus.
R. coriaceifolius.
R. GLAUCELLUS.
R. laxiflorus.
R. subprasinus.

d) HYSTRICES.

R. atricolor.
R. ROSACEUS W. N.
R. lithophilus.
R. abietinus.
R. KŒHLERI W. N.
R. chloroticus.
× *R. exilentus* (chl. × ulm.).

e) GLANDULOSI.

R. Lamyi Gen.
R. Bayeri Fock.
R. HIRTUS W. K.
R. rufescens Lef. et M.
R. brachyodon.
R. Guentheri W. N.
R. peguericus.
R. interruptus.

V. — **TRIVIALES.**

R. CAESIUS L.
R. ligerinus.
× *R. amplifoliatus* (ulm. × liger.).
× *R. assurgens* Boul. et B. (liger. × ulm.).

TYPOGRAPHIE

EDMOND MONNOYER

LE MANS (SARTHE)